# CATALOGUE

DE

## LA COLLECTION

DE

# LIVRES & ESTAMPES

### FORMÉE VERS 1680

## Par le B<sup>on</sup> J. W. IMHOFF

ET CONTINUÉE

## Par les B<sup>ons</sup> HALLER DE HALLERSTEIN

### CINQUIÈME PARTIE

# PORTRAITS

Français, Italiens, Anglais, Hollandais, Espagnols,
Portugais, Polonais, Russes, Hongrois,
Moldaves, Valaques, etc.;

Quelques TRÈS-BEAUX LIVRES A FIGURES, GALERIES, etc.;

DONT LA VENTE AUX ENCHÈRES PUBLIQUES AURA LIEU

## RUE DES BONS-ENFANTS, 28, SALLE N° 4

( ANCIENNE MAISON **Silvestre** )

Le Mercredi 29 Mai 1861 et les deux jours suivants, à 7 heures du soir.

---

Par le ministère de M<sup>e</sup> **BOULOUZE,** Commissaire-Priseur,
rue Ollivier-Saint-Georges, 14,
Assisté de M. CLÉMENT, Marchand d'Estampes de la Bibliothèque
impériale, rue des Saints-Pères, 3,
*Chez lesquels se distribue le présent Catalogue.*

---

**EXPOSITION chaque jour de la Vente, de 1 à 3 heures.**

---

## 1861

# CONDITIONS DE LA VENTE

Elle sera faite au comptant.

Les acquéreurs paieront, en sus des adjudications, CINQ pour CENT applicables aux frais de vente.

Les pièces cataloguées sous le même numéro pourront être divisées.

# ORDRE DE VACATIONS

PREMIÈRE VACATION. — *Mercredi 29 Mai.* N°   1 à 100

DEUXIÈME VACATION. — *Jeudi 30 Mai.*     101 à 200

TROISIÈME VACATION. — *Vendredi 31 Mai.*   201 à la fin.

# DÉSIGNATION

## PORTRAITS FRANÇAIS

Rois, Reines, Princes et Princesses, Ecclésiastiques,
Peintres, Graveurs, Musiciens et autres
Personnages célèbres.

1 — Cartes généalogiques des maisons de Bourbon et de Valois, avec les différentes branches qu'elles ont formées. Deux pièces grand in-fol. obl., dont une avec vues de Paris.

2 — François I<sup>er</sup>, Henri II, Henri IV, Louis XIII, etc. Dix-sept pièces.

3 — Henri III, Henri de Lorraine, duc de Guise, Henri IV enfant, par Th. de Leu; Ch. de Bourbon, comte de Soissons, et Charles IX. Cinq pièces.

4 — Henri IV, par C. de Passe; Louis XIII, Gaston d'Orléans, Antoine de Bourbon et François de Valois. Cinq pièces.

5 — Louis XIII et Anne d'Autriche, par Lochon et B. Montcornet. Quatre pièces.

6 — Louis XIII en manteau royal. In-fol. Rare.

6 bis. — Saint Louis en manteau royal apparaît à Louis XIII agenouillé; dans le fond une église. Cette pièce est dans un encadrement ovale, de forme oblongue, gravée par A. Bosse. (Catalogue de M. Duplessis, n° 1217).

7 — Louis XIV et Marie-Thérèse, par de Larmessin. Deux portraits faisant pendants. Rares.

8 — Louis XIV et Marie-Thérèse, par Landry. Petits portraits rares.

9 — Les mêmes portraits. Deux pièces.

10 — Portraits de Louis XIV, gravés suivant ses différents âges, en 1704. Dix têtes sur la même feuille, montées sur divers trophées. Deux épreuves, dont une avant les quatre vers qui sont dans la marge du bas de l'estampe.

11 — Louis XIV. Trois portraits gravés en manière noire.

12 — Louis XIV enfant, d'après Just. d'Egmont. Deux pièces.

13 — Louis XIV, par Edelinck et Vermeulen. Deux pièces avec toutes marges.

14 — Louis XIV, par Masson (R. D. 45). Buste plus fort que nature. Rare.

15 — Louis XIV, par Nanteuil (R. D. 153). Superbe épreuve.

16 — Louis XIV, par Landry, Poilly et de Larmessin. Trois pièces.

17 — Louis XIV et Marie Thérèse. Deux pièces, par J. Sauvé.

18 — Louis XIV en costume romain, d'après Corneille. Deux pièces.

19 — Louis XIV, par van Schuppen. Deux pièces.

20 — Louis XIV, d'après Rigaud, gravé dans la manière du dessin au crayon rouge.

21 — Louis XIV et Marie-Thérèse. Deux portraits faisant pendants, par Jean Sauvé.

22 — Louis XIV à différents âges, par Daret, Crespy, Hainzelman, de Larmessin, Montcornet, etc. Onze pièces.

23 — Louis XIV, par différents graveurs. Dix pièces.

24 — Les appartements de Louis XIV. Suite de six pièces,
très-curieuses pour les costumes et les intérieurs,
gravés par A. Trouvain. Extrêmement rare.

25 — La famille de Lorraine, d'après Grafait. A Paris, chez
Trouvain. Pièce curieuse pour les costumes, etc.
Rare.

26 — Collection de rois de France, par Montcornet. Trente-
six pièces.

27 — Portraits des rois de France, par de Larmessin.
Soixante-trois pièces.

28 — Louis, dauphin de France, fils de Louis XIV. Deux
portraits, par Jean Edelinck et P. Bouttats.

29 — Louis, dauphin de France, enfant, fils de Louis XIV,
par Sauvé. Très-grand in-fol.

30 — Louis XV, roi de France, gravé et imprimé en
couleur, par Leblond. Grand in-fol. Rare.

31 — Louis XV et Marie Leczinska, d'après Vanloo, Marie-
Anne-Victoire, infante d'Espagne, etc. Quatre
pièces.

32 — Louis XV, par B. Picart, Poilly, etc. Neuf pièces.

33 — Louis XV en manteau royal, par Chereau, et en
buste, par Duchange.

34 — Louis XV et Marie Leczinska en pied, d'après Vanloo,
gravés par N. de Larmessin. Deux pièces, superbes
épreuves avec toutes marges.

35 — Les mêmes portraits, par Jacques Chereau. Deux
pièces. Très-belles épreuves avec toutes marges.

36 — Louis XV enfant, en costume royal, par Ch. Dupuis,
d'après J. Ranc. Grand in-fol.

37 — Louis XV enfant, par B. Audran, d'après Gobert.
Deux pièces.

38 — Louis XV, roi de France et de Navarre, tenant son
lit de justice pour sa majorité. A Paris, chez De-
mortain, 1723. Grand in-fol.

39 — Louis XV, roi de France, d'après Rigaud, Le Moine et Vanloo. Trois pièces.

40 — Louis, dauphin de France, jeune, par de Larmessin. Deux portraits. Rare.

41 — Louis, dauphin, fils de Louis XV, et Louis-Philippe d'Orléans, duc de Chartres. Deux pièces, par Daullé.

42 — Louis XVI et Marie-Antoinette, par Lebeau. Deux pièces avec toutes marges.

43 — Louis XVI, Marie-Antoinette, Madame Royale, etc. Huit pièces.

44 — Louis XVI, par Savart, et Louis XVII, portrait rare. Deux pièces avec toutes marges.

45 — Louis XVI, d'après Boze, et Marie-Antoinette, d'après Dufroc. Deux pièces.

46 — Adieux de Louis XVI à sa famille, Exécution de de Louis XVI, deux pièces différentes, et Vue du feu d'artifice tiré à l'Hôtel-de-Ville à l'occasion de la naissance du dauphin, fils de Louis XVI. Quatre pièces.

47 — Gaston d'Orléans, par Poilly ; Charles-Paris d'Orléans, par Lenfant, et Philippe d'Orléans, frère de de Louis XIV, par de Larmessin. Trois pièces.

48 — Princes des familles de Bourbon et d'Orléans. Vingt-cinq pièces.

49 — Charles de Bourbon, cardinal ; François de Bourbon, prince de Conti ; Charles de Bourbon, cardinal de Birague ; comte d'Enghien ; Charles, duc de Lorraine, etc. Sept pièces, par Th. de Leu.

50 — Philippe de France, duc d'Orléans, et Elisabeth-Charlotte, palatine, sa femme. Deux pièces gravées par N. Vischer.

51 — Philippe d'Orléans, régent, par Marie Horthemels, et Louis d'Orléans, premier prince du sang, par Daullé.

52 — Henri de Bourbon, prince de Condé et duc d'En-
ghien, par Poilly, Henri de Bourbon, prince de
Condé, par M. Lasne, Prince de Conty et duc de
Bourgogne, par Schenck. Quatre pièces.

53 — Louis de Bourbon, prince de Conty, par Landry,
Louis, dauphin de France, et François-Louis de
Bourbon, prince de Conty. Trois pièces.

54 — Philippe de France, duc d'Orléans et Henriette
Stuart sa femme. Deux beaux portraits par
de Larmessin.

55 — Duc d'Orléans, prince de Conty, comte d'Artois,
Louis de Bourbon, prince de Conty, duc de Chartres, Louis XIV enfant, par Couvay, Philippe d'Orléans, régent, comte de Soissons, par Lochom, et
Gaston de France. Neuf pièces.

56 — Duc de Bourgogne, prince de Conty, Louis, dauphin
de France, Philippe d'Orléans, duc d'Orléans, etc.
Onze pièces.

57 — Duc d'Angoulême, Antoine de Bourbon, Gaston de
France, duc d'Alençon, François de Valois, fils de
François Ier, duc de Vendôme, duc de Mercœur,
Ch. de La Tremoille, prince de Talmont, comte
de Soissons, etc. Quinze pièces par Montcornet.

58 — Duc d'Anjou, prince de Condé, Grand Condé,
Henri de Bourbon, duc de Longueville, Gaston
de France, comte de Soissons, prince de Conty,
duc d'Enghien, etc. Quatorze pièces par Montcornet, dont plusieurs avant les armes.

59 — Louis XIII, Gaston de France, Louis XIV, Armand de
Bourbon, prince de Conty, Louis d'Orléans, comte
Dunois, Louis de Bourbon, prince de Condé et le duc
d'Anjou à cheval. Cinq pièces par B. Montcornet.

60 — Vue des siéges des villes de Furnes et d'Ypres en
Flandre, entourés d'une bordure. Au milieu du
haut les portraits du Grand Condé et de Turenne

61 — Biron (Charles de Gontault, duc de) avec scène de
son exécution. Deux pièces.

62 — Michel de l'Hopital, Jacques Boissard, Guil. Budes,
etc. huit pièces.

63 — Hugues de Lionne, Guébriant, Castelnau etc. Cinq
pièces par Nanteuil.

64 — Gassendi (Pierre), Bonnet de A. Toiras, maréchal de
France etc. Trois pièces par Mellan.

65 — Du Quesne et Louis Boucherat, par Habert, Pierre
de Broussel, duc de La Vallette, par M. Lasne, etc.
Dix pièces.

66 — Larochefoucauld (François de), comte de Rostaing,
Lebouthillier, Hugues de Lionne, Loménie de
Brienne, François de Beauvilliers, Letellier, seigneur de Chaville, Louis Phelypeaux, seigneur
de Lavrillière, Gaston de Foix, duc de Lavallette,
Henri d'Effiat, grand écuyer de France, etc. Quinze
pièces par Montcornet, dont plusieurs avant les
armes.

67 — Rohan (Anne de), princesse de Guemené, Anne
d'Autriche, à cheval, Henriette d'Angleterre,
duchesse d'Orléans, etc. Six pièces par Boissevin,
de Larmessin et Montcornet.

68 — Charles-Emmanuel, duc de Savoie, prince de Piémont, et Henri de Savoie, duc de Nemours, par Th.
de Leu, Victor-Amédée, duc de Savoié, à cheval,
Charles-Emmanuel, par Jacq. Saurus, et à cheval,
par R. Sadeler, Emmanuel-Philibert, duc de Savoie, et Eugène, prince de Savoie, par Larmessin.
Huit pièces.

69 — Charles II, duc de Lorraine, par Cris de Passe, Henri
de Lorraine, duc de Mayenne, Ch. de Lorraine, duc
de Guise, et Ch. de Lorraine, duc de Chevreuse,
par Daret, Henri de Lorraine, duc de Guise, par
B. Montcornet. Cinq pièces.

70 — Charles IV, duc de Lorraine et de Bar, par Sarto-
rius, Raymond Berenger de Lorraine, abbé
d'Harcourt, par Landry, Charles IV, par Kilian.
Quatre pièces.

71 — Léopold Iᵉʳ, duc de Lorraine, François Stéphanus, duc
de Lorraine. Cinq pièces, gravées en manière noire
par Bodenehr et Haid.

72 — Ch. de Lorraine, duc du Maine, duc de Lorraine,
Ch. de Lorraine, duc d'Elbeuf, François, prince de
Lorraine, Ch. de Lorraine, duc de Chevreuse,
Louis de Lorraine, comte de Guise, duc de
Mercœur, Ch. de Lorraine, duc de Guise, Louis
de Lorraine, duc de Joyeuse, Henri de Lorraine,
prince de Joinville, Henri de Lorraine, comte d'Har-
court, Roger de Lorraine, chevalier de Guise, etc.
Vingt pièces par Montcornet.

73 — Lapeyrouse, par Duval, épreuve avant la lettre,
Lafayette, Bailly, Barthelemy, N. Bergasse, Mira-
beau, Johan, Rewbel, Chapellier. Onze pièces.

74 — Duc de Luxembourg, duc de Villeroy et maréchal
de Monrevel. Quatre pièces par Bonnart.

75 — Madame la dauphine de France, d'après saint Jean,
Louis, dauphin de France, duc d'Anjou, duc de
Chartres, et Louis, duc de Bourbon. Six pièces
curieuses pour les costumes, par Bonnart et Nolin.

76 — Louis, dauphin de France, enfant, duc de Bourgogne
enfant, duc d'Enghien, duc d'Anjou, prince de
Condé, etc. Dix pièces par de Larmessin et Montcornet.

77 — Foucquet (Nicolas), Michel Letellier, Nicolas Potier,
Turenne, Antoine de Grammont, Ch. de Mazarin,
duc de Mayenne, duc de Saint-Aignan, François
de Harlay, archevêque de Rouen, Ch. de Sainte-
Maure Monthausier, cardinal Ghigi, cardinal
d'Est. Onze pièces par Balthazar Montcornet.

78 — Vendôme (cardinal de), Ch. Maurice Letellier, archevêque de Rheims, le même, comme abbé de Lagny, Em. Théodore de la Tour d'Auvergne, duc d'Albret, François de Harlay de Chavallon, Pierre du Cambout de Coislin, cardinal d'Estrées, Perefixe de Beaumont, cardinal de Bonzi, et Toussaint de Forbin, de Janson, évêque de Beauvais. Treize pièces par de Larmessin.

79 — Anne, duc de Noailles, Henri de Senneter, maréchal de France, François de Beaulieu, duc de Saint-Aignan, Ch. Honoré d'Albert, duc de Chevreuse, Simon, Arnault, seigneur de Pomponne, Claude Lepelletier, ministre d'État, Etienne d'Aligre, chancelier de France, Henri d'Aillon, comte du Lude, Antoine d'Aumont, comte de Buzé, Godefroy, comte de Buzé, Godefroy, comte d'Estrade, Réné Potier, duc de Tresme, Gabriel de la Reynie, etc. Seize pièces par de Larmessin.

80 — Colbert (Jean-Baptiste), Letellier, marquis de Louvois, duc de Duras, Hugues de Lionne, Armand de Laporte, duc de Mazarin, Ch. Colbert, marquis Croissy, Jean-Baptiste Colbert, marquis de Seignelay, Edouard Colbert, comte de Maulevrier, Nicolas Fouquet et Guillaume de Lamoignon. Douze pièces par de Larmessin.

81 — Marillac, maréchal de France, Cl. de Marolles, N. de Neuville, marquis de Villeroy, Gaspard de Coligny, Ch. de Longueval, Bassompierre, Gontault, duc de Biron, duc de Lesdiguières, duc d'Epernon, duc d'Alluyn, duc de Beaufort, duc de Lesdiguières, duc de Béthune, etc. Trente-un portraits par Montcornet, dont plusieurs avant les armes.

82 — Gondy, cardinal de Retz, Henri de Savoye, archevêque de Rheims, François de Chanvallon, archevêque de Rouen, Cl. de Rèbe, archevêque de Nar-

bonne, Victor Lebouthillier, archevêque de Tours, Alphonse d'Elbène, évêque d'Orléans, cardinal Le Camus, François de Gondy, etc. Dix-huit pièces par Montcornet, dont plusieurs avant les armes.

83 — Cospeau, évêque de Lisieux, Ch. de Montchal, archevêque de Toulouse, André Fremiot, patriarche, Cl. Bernard, Richard Olivier, N. de Netz, évêque d'Orléans, cardinal Du Perron, etc. Vingt-une pièces, par Montcornet, dont plusieurs avant les armes.

84 — Du Verger de Hauranne, Michel Le Masle, Louis Petit, docteur, Jean-Baptiste de Marinis, Ch. Favre, abbé de Sainte-Geneviève, Ch. de Gondren, général de la congrégation de l'Oratoire, etc. Treize pièces par Montcornet, dont plusieurs avant les armes.

85 — Jacques de Thou, Seguier, Théodore de Nesmond, N. de Bailleul, Pomponne de Bellièvre, Jacq. Barillon, Ch. de Laubespine, Mathieu Molé, Cl. de Bullion et sa femme, le président Deshemeaux, Réné de Longueil, Avocat Tubœuf, Michel de Marillac, etc. Vingt pièces par Montcornet, dont plusieurs avant les armes.

86 — Pomponne de Bellièvre, chancelier de France, Ch. de Laubespine, chancelier de France, Léon Boutillier, comte de Chavigny, ministre, François Hannibal, seigneur d'Estrées, N. Brulat, président au parlement de Paris, Dreux Daubray et Pierre d'Hozier. Huit pièces par Boissevin.

87 — Pierre Nivelle, évêque de Luçon, François Mallier, évêque de Troyes, Ch. de Montchal, évêque de Toulouse, Henri de Maupas, évêque du Puy. Gab. de Laubespine, évêque d'Orléans, et Pierre Habert. Six pièces par Daret.

88 — Turenne, Fouquet, Bernard de Foix, duc de Lavallette, François de l'Hopital, Gassion, maréchal de
France, de Lamotte Houdancourt, Henri de Latré-
moille, Gaspard III, comte de Coligny, Nicolas de
Neufville, marquis de Villeroy, marquis de Lameil-
leraye, etc. Quinze pièces par Daret.

89 — Comte de Bantzow, Ch. de Monchy, maréchal de
France. François de Beauvilliers, Antoine Dau-
mont Rochebaron, Bonnet, seigneur de Toyras,
Louis de Valois, comte d'Alais, Hannibal d'Estrées,
François de Jussac, Amador de La Porte amiral, et
maréchal de France, seigneur Mancini, vicomte
d'Arpion, marquis de La Moussaye, Urban de
Maillé, Maximilien Escholard, comte de Pas,
Philippe de Gorrevad, marquis d'Albert, baron
de Beck, seigneur de Beaufort, Honoré d'Albert,
duc de Chaulmes, etc. Trente-cinq pièces par
Montcornet, dont plusieurs avant les armes.

90 — Henri de La Vallette, Cl. de Marolles, Armand de
Maillé, comte de Guébriant, Armand de La Porte,
marquis de La Meilleraye, Henry, duc de La Tremoille, Turenne, Godefroy de la Tour d'Auvergne,
duc de Bouillon, Ch. de La Porte, seigneur de
La Meilleraye, Ant. Buzé, marquis d'Effiat, G. de
Coligny, duc de Chatillon, Cambout, marquis de
Coislin, Ch. de Longueval, comte de Ruquoy,
comte de Rostaing, Concini, maréchal d'Ancre,
duc de Gueldre, marquis de Vitry. Trente-cinq
pièces par Montcornet, dont plusieurs avant les
armes.

91 — Guénégaud (Henry de), Louis Phelypeaux, Payen
Deslandes, Ant. de Mareste, Henri de Mesme,
comte d'Avaux, Pierre Janin, Ant. de Lomenie,
Claude Le Charron, duc d'Uzès, Christ. de Leuy
Vantadour, duc d'Amville, Descartes, Roger de
Bellegarde, Lonémie de Brienne, Ant. Duprat, etc.
Quarante pièces par Montcornet, dont plusieurs
avant les armes.

92 — Bourbon (César de), duc de Vendôme, Henri de
Lorraine, duc de Guise, Chomberg, maréchal de
France, comte de Legnivillé, général d'artillerie,
Henri de Senneter, Cl. de Lorraine, duc de Che-
vreuse, cardinal de Guise, Marguerite de Lorraine,
Louis Ch. de Lavallette, Albert Barbe d'Ernecourt,
dame de St.-Balmont, à cheval, Jacques Cujas de
Toulouse et maréchal de Laforce. Vingt-trois
pièces par Montcornet, dont plusieurs avant les
armes, Boissevin et Daret.

93 — Rohan (Henri, duc de), comte de Porhoüet, Louis
de Rohan, prince de Guemené, Benjamin de
Rohan, baron de Soubise, Tancrède de Rohan,
Claude Chabot, François Marie, duc de Broglie,
Marie de Rohan, duchesse de Chevreuse, Marie
de Brethaigne, duchesse de Montbason, Anne de
Rohan, princesse Guemené, Marguerite Rohan,
princesse de Porhoüet, Marguerite de Béthune,
duchesse de Rohan. Vingt-une pièces par Daret et
Montcornet, dont plusieurs avant les armes.

94 — Albert, cardinal d'Autriche, par Ant. Wierix, Robert
Bellarmini, cardinal, par Leody Valdor, et Thomas
Morus, par Valdor. Trois pièces.

95 — François de Neufville, duc de Villeroy, Jacques de
Puysegur, Lowendal, Voyer, marquis d'Argenson,
Loménie, comte de Brienne, Potier de Gesvres,
Henri d'Harcourt, etc. Douze pièces de la suite
de Desrochers et autres.

96 — J. A. de Thou, Boileau, Molière, Paul Maillard,
Descartes, Hugues de Lionne, Pierre Corneille et
Jean Chaplain. Onze pièces de la suite de Desro-
chers.

97 — Henri, duc de Montmorency, par Mellan, François
de Montmorency, comte de Luse, Florent de
Montmorency, baron de Luse, Philippe de Montmorency, comte d'Horn, etc. Onze pièces par Montcornet, dont plusieurs avant les armes.

98 — Antoine de Grammont et de Guiche, Antoine, duc de Grammont, maréchal de France, Roger de Choiseul, marquis de Praslin, César de Choiseul, comte du Plessy-Praslin, duc d'Epernon, Ch. de Gontault, Biron, Montmorency, duc de Luxembourg, Ch. Albert, duc de Luynes, cardinal de Larochefoucault, Louis de La Tremoille, marquis de Noirmontier, Louis de La Tremoille, comte de Laval, Henri Ch. de l a Tremoille, prince de Talmont, Henri, duc de La Tremoille, pair de France, etc. Ving-quatre pièces par Montcornet et Daret.

99 — Louis de Lorraine, prince de Phalsbourg, à cheval, par J. Callot. Très-belle épreuve ; elle est un peu rognée de chaque côté.

100 — Henri de Lorraine, marquis de Mouy, par Pitau, Ch. de Lorraine, duc de Guise, par Lochon, et Ch. Alexandre de Lorraine, par Daullé. Trois pièces.

101 — François de Lorraine, duc de Guise, Ch. de Lorraine, duc de Mayenne, comte d'Harcourt, Marguerite, princesse de Lorraine, Henri de Lorraine, duc de Guise, Philibert-Emmanuel de Lorraine, etc. Quatorze pièces.

102 — Blondeau (François), président de la chambre des comptes, et Dorieu (Jean), président en la cour des aidés. Deux pièces par Nanteuil.

103 — Molé (François), abbé, et Henri de Savoie, archevêque de Rheims. Deux pièces par Nanteuil, avec grandes marges.

104 — Payen Deslandes, abbé de Saint-Martin, et N. Chaubart, conseiller au parlement de Toulouse. Deux pièces par Nanteuil, avec toutes marges.

105 — Bouthillier (Victor Le), archevêque de Tours, et Louis François de Suze, évêque de Viviers. Deux pièces par Nanteuil, avec grandes marges.

106 — Mazarin (Jules), cardinal. Deux pièces par Nanteuil.

107 — Bellièvre (Pomponne de) et Novion Nicolas Potier, premiers présidents au parlement de Paris. Deux pièces par Nanteuil.

108 — Lamoignon (Guillaume de), premier président au parlement de Paris, et Seguier (Pierre), chancelier de France. Deux pièces par Nanteuil.

109 — Nesmond (François-Théodore de), et Mesme (Jean-Antoine de), présidents au parlement de Paris. Deux pièces par Nanteuil.

110 — Mouy (Henri de Lorraine, marquis de), par Nanteuil. Deux épreuves du 1$^{er}$ état.

111 — La Vrillière (Louis-Phélypeaux de) et Henri de Guénégaud. Deux pièces par Nanteuil.

112 — Matignon (Léonor-Goyon de), évêque de Coutances, et Perefixe de Beaumont, archevêque de Paris. Deux pièces par Nanteuil, avec toutes marges.

113 — Savoye (Henri de), duc de Nemours, ép. du 1er état, et Charles-Maurice Letellier, abbé de Lagny. Deux pièces par Nanteuil, avec toutes marges.

114 — Gillier (Melchior de), maître d'hôtel du roi, et M$^{me}$ Gillier. Trois pièces par Nanteuil.

115 — Seguier de Saint-Brisson (Pierre), prévôt de Paris, et André Lefèvre d'Ormesson. Deux pièces par Nanteuil.

116 — Le Tellier (Michel), ministre d'État, et Léon Le Bouthillier, comte de Chavigny. Deux pièces par Nanteuil.

117 — Nesmond (François-Théodore), président à mortier au parlement de Paris, Guillaume de Nesmond, maître des requêtes, Cl. Jegou, président à Rennes, et Gilles Lemaistre de Ferrières, enfant. Quatre pièces par Lenfant.

118 — Cœur (Jacques), surintendant des finances, Jean Bureau, chambellan de Charles VII et Henri d'Orléans, comte de Dunois et de Longueville. Trois pièces par Grignon.

119 — Brulart Florimond, marquis de Genlis, Brulart Nicolas, président au parlement de Bourgogne, François du Thillet, conseiller du roi, Thomas Morant, maître des requêtes, et Toussaint Rose, président de la cour des comptes. Cinq pièces par Lochon, Landry, Lombart et Lenfant.

120 — Colbert (Chr.), marquis de Croissy, maréchal Catinat (J.-B.), Colbert, marquis de Torcy, et Ch.-Aug. Fouquet de Belle-Isle. Cinq pièces gravées en manière noire.

121 — Boileau, Jacq.-Aug. de Thou, Marin Cureau de La Chambre, Turenne à cheval, etc. Huit pièces.

122 — Broglie (Charles-Amédée), comte de Revel, Jean-Frédéric Phelypeaux, ministre de Louis XV, Kneller, peintre, d'ap. Largillière, par Drevet, etc. Quatre pièces.

123 — Colbert (J.-B.), par de Larmessin, Fouquet (Basile), abbé de Barbeaux, prince Henri-Ch. de la Trémouille, etc. Cinq pièces.

124 — Gondy, cardinal de Retz, abbé Prevost, Isaac Lemaistre de Sacy, Antoine-Arnault, cardinal Tencin, Bourdaloue, Massillon, etc. Neuf pièces.

125 — Quesnel Pascal, prêtre de l'Oratoire, Pierre de Langle, évêque de Boulogne, etc. Quatorze portraits d'ecclésiastiques.

126 — Pernot, abbé général des Cistaux, cardinal Gaston de Rohan, cardinal Fleury. Cinq portraits d'ecclésiastiques.

127 — Richelieu à cheval, par J.-L. David. Leblond *excud*, avec privilége du roi. In-fol. Rare.

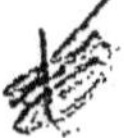

128 — Richelieu et Hardouin de Perefix, archevêque de Paris. Deux pièces.

129 — Claude Leprêtre, conseiller, le comte de Villemenon, etc. 6 portraits par Lenfant, Lochon, Grignon.

130 — Villemonté, évêque de Saint-Malo, D. Seguier, évêque de Meaux, B. Phelippeaux de la Vrillière, etc. 6 portraits par Lochon

131 — Richelieu, par Daret, Montcornet, etc. Neuf pièces.

132 — Tombeau du cardinal de Richelieu, d'après Girardon. Six pièces.

133 — Retz (Jean-François-Paul de Gondi, cardinal de), par Van Schuppen. Portrait rare.

134 — Mazarin, par Regnesson. Rare.

135 — Le même personnage, par Montcornet, Lenfant, etc. Sept pièces.

136 — Barberini (le cardinal), par Nanteuil, Daret, etc. Cinq pièces.

137 — Borromée (Saint Charles), par Sadeler. Trois pièces.

138 — Bonzy (cardinal de), archevêque de Toulouse, par Lenfant, Cl. La Vieuville, Paul Beurriez, abbé de Sainte-Geneviève, Duplessis de Gesse, etc. Six pièces.

139 — Le Tellier (Michel), confesseur de Louis XIV, Père Lachaise, Languet, curé de Saint-Sulpice, etc. Six pièces.

140 — Saint Vincent de Paul, Bl. Pascal, abbé Bignon, par Thomassin, etc. Quatre pièces.


## PORTRAITS D'ARTISTES


141 — Cornelissen (Ant.) et Ch. de Mallery, par Suz. Silvestre, M. Bernigeroth, Callot, Merian, Romain de Hooge, Jacques Tyroff, par Beck, Jean Saenredam, Joachim Sandrat, par J. Sandrat, Jean Preisler,

par Jean Pintz, Philippe Kilian, par B. Kilian, Bartholomé Kilian, par P. Kilian, Georges Knorr, par Schweikart, trois ép. dont une avant la lettre, Bernard Vogel, Christ. Weigel, Georges Preisler et J.-J. Haid, etc. Vingt-neuf portraits de graveurs.

142 — Rosalba Carriera, H. Rigaud, Govaert Flinck, par Vaillant, G. Kneller, par Schenk, Agricola, par Vogel, et Hélène Barbara. Six portraits de peintres.

143 — Berain (Jean), architecte, par Cl. Duflos, Jean Forest, peintre, par Drevet, N. de Largillière, par Chereau, et François Desportes, par Joullain. Quatre pièces.

144 — Cl. Gillot, peintre, par J. Aubert, Noël Coypel, par J. Audran, Noël Coypel, par Duchange et Massé, Claude Hallé, par de Larmessin, et Ch. Mavelot, graveur de Madame la Dauphine, par N. Pitau. Six pièces.

145 — Verdier, par Desrochers, Ch. Delafosse, par Duchange, Jean Pesne, par Trouvain, Joseph Parrocel, par J.-G. Will et Ch. Poerson, par Desrochers. Cinq pièces.

146 — Jean de Troy, par Simon Vallée, F. de Troy, par J.-B. Poilly, N. de Largillière, par Dupuis, Jean Jouvenet, par Trouvain, Simon Vouet, par F. Perrier et Maurice de La Tour, par Petit. Cinq pièces.

147 — Jean Preisler, Jean E. Ridinger, G. Rugendas, Jean Kuperzki, Jacques Frey, Marc Kleinert, Gabriel Spizelios, Georges Blendinger, Fr. Stribel, J. Arlaudus, etc. Dix-huit portraits de peintres gravés en manière noire par Haid.

148 — Rubens (P.), par Audran, Jean Henri Roos, par Ph. Kilian, Van Dyck, par Suzanne Silvestre, Martin de Vos, par Sadeler. David Teniers, par L. Vostermann, etc. Dix portraits de peintres.

149 — Lautensack, graveur de Nuremberg, dessin original par le maître, Hans Sébald Lautensack, Virgilius Solis, et A. Hirsvogel. Six portraits de graveurs.

150 — Handel (G.-F.) Fabricius Werner, par Kilian, G.
Reiche, par Rosbach, G.-P. Télemann, par Lich-
tenfteger, Henri Biber, maître de chapelle de l'archevêque de Salisbourg, Christophe Hitzenaverus,
Maximilien Zeidler, maître de chapelle, Balt. Lut-
ler, Ch. Graur, Jean-Daniel Hard, G.-Philippe
Telemann, Christophe Kupezky, Nicolas et Daniel
Rosen, J. Xstero, etc. Dix-huit portraits de musiciens allemands.

151 — Portrait de Mozart, enfant, jouant du clavecin; il est
accompagné de Léopold Mozart, son père, et de
Marianne Mozart, sa sœur; d'après Cormontelle,
par Delafosse, 1764. Rare.

152 — Rebel (J.-B), compositeur de musique de la chambre
du roi, d'après Watteau, Louis Pecour, composi-
teur de ballets, M<sup>lle</sup> Pellissier, actrice de l'Opéra,
M<sup>lle</sup> Rosalie Levasseur, de l'Académie de musique
et Élisabeth-Sophie Cheron. Cinq pièces.

153 — Charles Broschi, Anna Rentia de Rome, Archange
Correlli et Bertoli. Quatre portraits de musiciens
italiens.

154 — Christophe Trew, Pierre Varignon, professeur de
mathématiques de l'Académie de Londres, Jacques
Scheuchzer, Jean Schmidt, par Hainzelman; Ges-
ner, Ch. Trew et Joachim Camevarius, par Se-
ligmont; Thomas Keett, par Knorr, avec le dessin, etc. Douze portraits de savants, botanistes, etc.

155 — Van Dyck (d'après), comte Pembroke, Constant
Huyens, Corn. Vander Geest, Ant. de Tassis, Th.
Galle, etc. Dix-huit pièces.

156 — Daniel Horstius, docteur-médecin de Francfort,
Jean-Jacques Mangetus, médecin, Th. Zuingerus,
médecin, Robert Fludd Alios, médecin, Georges
Marius, Arnold Weickardus, médecin, Guido Pa-
tin, etc. Quatorze portraits de médecins.

157 — Philippe Paracels, médecin sous Charles VIII, portrait
très curieux ; André Laurent, médecin d'Henri IV ;
Jean Riolan, de Paris, médecin ; Jacques Guille-
meau, chirurgien des rois Charles IX, Henri III et
Henri IV; Rabelais, Geffroy, pharmacien de Paris, etc. Huit portraits de médecins.

158 — Bartholomé Giovarina, secrétaire de l'empereur Léopold ; Pierre Mouru et Stephanus Baluzius. Trois
pièces par Thomassin, Giffart et Beause.

159 — Jean-Joachim Haller, sénateur de Nuremberg, par
Jean Kenckel ; Th. Mathews, contre-amiral anglais, etc. Quatre pièces gravées en manière noire.

160 — Robert Gravel, comte de Ratisbonne ; Christophe
Furer, conseiller de Sa Majesté Impériale ; Jean
Schilter, Daniel Superville, conseiller de Frédé-
ric I$^{er}$, etc. Sept pièces par Thournyesser, Windter,
Seupel et Fritsch.

161 — Cardinal Belarminius, Jérôme Aleander, archevêque
de Brandebourg, cardinal Albert d'Autriche, Père
Charles Bastida, cardinal Madrucius, etc. Douze
pièces par Bloemaert et Kilian.

162 — Portraits relatifs à la ville de Strasbourg : Daniel
Rixingeri, docteur-médecin, Jean Schmidt, docteur en théologie, C. Caspari, professeur d'his-
toire, Grégoire Biccius, Bernard Jobin, etc. Huit
pièces.

163 — Galilée, par J. Heyden ; Louis Lavater, pasteur,
Josias Simlerus et Guillaume Stuckins, profes-
seurs en théologie, Frédéric Stophulus, conseiller
de Ferdinand I$^{er}$, etc. Douze pièces.

164 — Paul Bernard, gouverneur de Flandre, Georges de
Taupadel, baron d'Enquenfort, général de l'ar-
mée impériale, François de Sève, chevalier de
Malte, etc. Treize pièces par Montcornet.

165 — Portraits des différents plénipotentiaires qui ont assisté au congrès de Munster, gravés par Suyder-
hœf, Holsteyn et P. de Bailliu. Trente-six pièces.

166 — Portraits des hommes illustres qui ont vécu dans le
XVIIe siècle. Les principaux princes, ambassadeurs
et plénipotentiaires qui ont assisté aux conférences
de Munster et d'Osnabrug, gravés par Corn. Galle,
P. de Jode, Corn. Waumans, Paul Pontius, d'après
Anselme van Hulle. Cent pièces.

167 — Portraits de peintres flamands, allemands et hollandais, par Jean Meyssens. Cinquante pièces.

168 — Le cardinal de Rohan, Mme d'Oliva, la comtesse de
la Motte et le comte de Cagliostro. Quatre pièces
relatives au procès du collier.

169 — Ravaillac (François de), assassin de Henri IV, avec
scènes de son supplice, gravé dans le goût de C.
de Passe.

## PORTRAITS DE PRINCESSES & FEMMES CÉLÈBRES

170 — Marie-Anne de France, fille de Louis XIV, Marie-
Jeanne-Baptiste de Savoie, Marie-Anne de Bavière,
dauphine de France, duchesse du Lude et Elisabeth-Charlotte, palatine, duchesse d'Orléans. Onze
pièces par de Larmessin.

171 — Autriche (Élisabeth d'), par Rabel; Éléonore d'Autriche, femme de François Ier, etc. Cinq pièces.

172 — Mme de Lavallière, par Schenk, et Mme de Pompadour,
d'après Scheneau.

173 — Bavière (Marie-Anne-Christine-Victoire de), Dauphine de France, par Habert. Grand in-fol.

174 — Marie-Thérèse, reine de France, par Pitau, et la
princesse Charlotte, palatine du Rhin, par M. Hoi-
themels. Trois pièces.

175 — Marie-Josèphe de Saxe, Dauphine de France, par de Larmessin, d'après Vanloo. Superbe épreuve avec grandes marges.

176 — La même estampe. Épreuve de la même qualité.

177 — Orléans (Anne-Marie-Louise d'), duchesse de Montpensier, par Tournheyser. Rare.

178 — Lambert Hélène, d'après Largillière, et Marguerite Becaille, veuve de Maximilien Titon. Deux pièces.

179 — Balzac (Henriette de), Louise de Lorraine, Louise de Budos, Jeanne de Cocesme, princesse de Conti, etc. Six pièces par Th. de Leu.

180 — Marie Leczinska, reine de France, par Petit; princesse de Conti, etc. Sept pièces.

181 — Lorraine (Marguerite de), Charlotte-Marie de Lorraine, M<sup>lle</sup> Marie de Lorraine et de Guise. Deux épreuves, dont une avant les armes. Nicole de Lorraine et Henriette de Lorraine. Huit pièces par Montcornet.

182 — Créqui (Madeleine de), duchesse de Villeroy, Béatrix de Cusance, comtesse d'Harcourt, (duchesse d'Aiguillon,) duchesse de Chaulnes, (maréchale de Guébriant, etc. Douze pièces par Montcornet.

183 — Marguerite, princesse de Lorraine, duchesse d'Orléans, Jeanne de Blois, etc. Seize pièces.

184 — Montmorency (Charlotte de), La Trémoille (Marguerite et Angélique-Isabelle, duchesses de). Sept pièces par Montcornet.

185 — Montpensier (duchesse de), Anne de Bourbon (duchesse de Longueville,) Duchesse de Nemours, souveraine de Dombes, Henriette-Catherine de Joycuse, Duchesse de Montpensier, etc. Quinze pièces par Montcornet.

186 — Marie-Thérèse, reine de France, par Boulanger ; Duchesse de Bourgogne, princesse palatine, Françoise de Bourbon, épouse du régent, M^me Deshouillières et Marie-Anne de Bourbon, princesse de Conti. Six pièces.

187 — Lavallière (Duchesse de), M^me de Montespan, M^me de Fontanges, M^me de Maintenon, etc. Dix pièces, par Habert, de Larmessin et Gole.

188 — Catherine de Médicis, reine de France, par J. Wierix, et Jeanne d'Albret, par Th. de Leu. Deux pièces.

189 — Marie Stuart, Marguerite de Valois et Marie de Médicis. Huit pièces, par Montcornet, Sadeler et Vosterman.

190 — Marguerite de Valois, épouse de Henri IV, Catherine de Bourbon, Antoinette de Lorraine, duchesse de Clèves, et Flore, épouse de Charles de Lorraine. Quatre pièces, par Crispin de Passe.

191 — Anne d'Autriche, par Montcornet. Huit différents portraits.

192 — Marie-Thérèse d'Autriche, Françoise d'Orléans, fille de Gaston d'Orléans, Anne de Bavière, duchesse d'Enghien et Anne Martinozzi, princesse de Conti. Cinq pièces par B. Montcornet.

# PORTRAITS

Anglais, Espagnols, Hollandais, Italiens, Polonais,
Russes, Hongrois, Moldaves, Valaques, etc.

---

## PORTRAITS ANGLAIS

193 — Élisabeth, reine d'Angleterre, Henriette-Marie, Marie
Stuart, Jeanne Gray, Anne-Frédérique de Danemark, épouse de Jacques VI, etc. Onze pièces.

194 — Élisabeth d'Angleterre et Frédéric, roi de Bohême,
son époux, la famille royale de Bohême, etc. Sept
pièces par Jacques Delf, d'après Michel Mireveldt
et autres.

195 — Marie Stuart, Charles I<sup>er</sup> et Henriette sa femme,
Charles II, princesse Marie, Élisabeth, reine de
Bohême, Olivier Cromwell, comte de Buckin-
gham, etc. Vingt-six pièces par Montcornet.

196 — Cromwell, Herbert, comte de Northumberland, Ro-
bért Dudley, comte de Leycester, Édouard Sey-
mour, comte d'Essex, Ambroise Dudley, Thomas
Cromwell, etc. Trente et une pièces.

197 — Charles I<sup>er</sup>, roi d'Angleterre, par Guillaume Delf.
Deux pièces.

198 — Exécution de Charles I<sup>er</sup>, roi d'Angleterre ; diverses
pièces sur cet événement avec texte allemand et
hollandais, plus une grande pièce comprenant les
différentes scènes de le fuite du roi Jacques et de
sa réception par Louis XIV. Gravé par R. de
Hooghe. Sept pièces.

199 — Charles II, roi d'Angleterre, d'après Gascar, par Van-
derbranc. Grand in-fol.

200 — Jacques I<sup>er</sup>, Charles I<sup>er</sup>, Charles II, Georges III, etc.
Vingt et une pièces.

201 — Jacques I<sup>er</sup>, roi d'Angleterre; Charles I<sup>er</sup>, prince de
Galles, par C. de Passe; Georges I<sup>er</sup> et Charles II.
5 pièces.

202 — Jacques I<sup>er</sup>, roi d'Angleterre; Georges I<sup>er</sup>, par B. Picart; Charles II, par C. Van Dalen, avant la lettre,
par Loggan et Fr. Braunn. 6 pièces.

203 — Georges I<sup>er</sup>, Georges II, Anne-Marie, reine d'Angleterre, Charles II, Jacques II, Guillaume III. 15
pièces, d'après Kneller et autres.

204 — Jacques III, par M. Horthemels et Chereau, et Char-
les-Edouard Stuart, par Daullé et Petit. 6 pièces.

205 — Georges II, roi d'Angleterre, en manteau royal, d'ap.
Joachim Kaiser, par André Geyer de Ratisbonne.
Gr. in-fol.

206 — Princesse Anne-Marie, épouse du prince Georges de
Danemark; Anne, princesse royale, princesse
d'Orange, Catherine de Portugal, épouse de Charles II, et la princesse Caroline de Galles. 4 pièces.

207 — Guillaume III, roi d'Angleterre, et Anne-Marie, sa
femme. 3 pièces par Gunts.

208 — Malborough, Henri de Galway, John Wilkes, etc.
7 pièces.

209 — Jean, duc de Malborough, à cheval, Edouard Stil-
lingfelt, professeur de théologie, etc. 5 pièces.

## PORTRAITS ESPAGNOLS

210 — Philippe II, roi d'Espagne, et Isabelle-Claire-Eugénie, sa femme. 2 pièces par Jean Frisius.

211 — Philippe II, roi d'Espagne, avec divers sujets de sa
vie, et Philippe IV, à cheval, avec la vue de Séville
dans le fond de l'estampe, par Rombout Van den
Hoejer.

212 — Philippe II. 6 différents portraits par Montcornet, avant et avec les armes ; P. de Jode, Cock, etc.

213 — Philippe II, par C. de Passe, Philippe III et Marguerite d'Autriche, son épouse. 2 pièces.

214 — Philippe III, Philippe IV, Philippe V, Balthasar-Charles, fils de Philippe III ; prince Ferdinand d'Autriche, cardinal, etc. 23 pièces, par Montcornet, P. de Jode, etc.

215 — Charles II, roi d'Espagne, par N. Habert, grand in-fol.

216 — Charles II, par N. Vischer et Philippe V, par Crépy et Desrochers. 3 pièces.

217 — Charles II, par J. Hoffman, G. Hollander. 4 différents portraits, dont un à cheval.

218 — Charles III enfant, par A. Lommelin ; Don Juan d'Autriche, par B. Montcornet, Charles II, roi d'Espagne, prince Ferdinand, frère de Philippe IV. 4 pièces.

219 — Isabelle-Claire-Eugénie, infante d'Espagne. 2 portraits, dont un par Van Sichem.

220 — Philippe IV et Charles III, par N. Chevalier, Ch. Weigel et Neyges. 4 pièces.

221 — Marguerite d'Autriche, épouse de Philippe III, par C. de Passe ; Marie d'Autriche, fille de Philippe III ; Isabelle-Claire-Eugénie ; Elisabeth de Bourbon, reine d'Espagne ; Marie-Thérèse, fille de Philippe III ; à cheval, par Bouttats, etc. 14 pièces.

222 — Bonaventure, comte de Buquoy ; Julan-Frangipani, colonel ; Emmanuel Sveiro, esq. militaire ; Jean-Ferdinand de Marchin ; Joseph de Margarit, gouverneur de Catalogne ; Séraphin Olivarès, Bazzalius, cardinal. 8 pièces.

## PORTRAITS HOLLANDAIS & FLAMANDS

223 — Jean Van der Noos, poëte; Charles Van der Nort, seigneur d'Anvers, par M. Rota; Jean Van Lingen, par Nagel; Bréderodus de Baluvia. 4 pièces.

224 — Walravius, député des Pays-Bas; Adolphe de Wael; Pierre Van den Broecke, Laurent Scotus Elbertus Boetbergen, noble de Gueldre; Eugène de Berghes, chevalier de Grimberghe, duc d'Arenbert, prince d'Arenbert, etc. 15 pièces.

225 — Les frères de Wit, avec scène de leurs supplices; Reinier Van Oldenbarnevelt; Charles Nutzelius, conseiller de Rudolphe II; Jacques Schotte, ambassadeur hollandais en Angleterre, par C. de Passe; G. Vossius, Jean Wolppert, Jean Symonszoon de Leyde. 8 pièces.

226 — Marselar, d'ap. Van Dyck, par Corn. Galle; Stephanus de Gamarra, conseiller du roi, par Corn. Meyssens; François Junius, par Gunst; Jean Oldenbarnevelt, avocat de Hollande; baron de Beck, maître de camp, par P. Pontius; Jean Huydecooper, bourgmestre d'Amsterdam, etc. 8 pièces.

227 — Guillaume Vincent, baron de Wittenhorst, et Wilhelmina, baronne Van Bronckhorst, sa femme. 2 pièces, par Th. Matham.

228 — Clair Zoesius, de l'académie de Louvain, par P. Clouwet; Christophe Butkens, prélat du monastère de l'ordre des Cisteaux d'Anvers, par Math. Borckens; Philippe Vaecx, commandeur de Saint-Antoine, par Corn. Waumans; et Servais Van der Speeter, conseiller du roi. 4 pièces.

228 bis. — Portrait de Calvin, entouré d'une légende, gravé Réné Boivin.

229 — Jean Neyen, d'Anvers, de l'ordre de Saint-François,
d'ap. M. Mireveldt. par J. Muller; Jean Van Groe-
nendyck, bourgmestre de Leyde, par C. Van Dalen,
et Melchior Leydecker, professeur à l'académie
d'Utrecht, par G. Valck. 3 pièces.

230 — Jean de Jonghe, pasteur de Zeelande, par Th. Matham; Fabrice Bassecourtius, Robert Keuchenius,
professeur à Amsterdam; Jacques Vligeri, pasteur
d'Amsterdam; Martin Van Velde, pasteur, avec
trois différentes scènes de sa vie; Corneille Del-
phius et Conrade Vorstius, professeur de théologie.
8 pièces.

231 — Comte Henri Van den Berghe, par Paul Pontius;
Henri Matthaeo, comte de Tursi, par J. Delf;
André Cantelmus; Florent, comte de Culenborch,
etc. 4 pièces.

232 — Ambroise Spinola, par P. de Jode et différents autres
graveurs. 6 portraits.

233 — Corneille de Witt, vice-amiral de Hollande, par Matham et Montcornet; Jacques Van Wassenaar;
Martin Tromp; baron Joseph Van Gent, amiral;
Pierre Heinio, de la Société des Indes occid., etc.
8 pièces.

234 — Réné Lavdonnierus, par C. de Passe; François Drack,
amiral, Jean Schmidt, amiral anglais, Jacques Van
Heemskerck, par C. de Passe; Richard Granville,
Martin Frobis Heruse, Jean Hawkins, Philippe
Sydney, Thomas Candisk, Homeride Gilbert, Christophe Amiger, François Drack. 14 portraits de
navigateurs.

235 — Portraits de Jan Evertsen, vice-amiral de Zeelande,
par Jean Van Houten; Egbert Cortenaer; Jean Van
Galen et Jacques Van Wassenaar, amiraux de
Hollande; Théodore Werdenburgis, de la Société
des Indes occid., par Hondius. 5 pièces.

## PORTRAITS ITALIENS & PORTUGAIS

236 — Pape Alexandre IX, par Van Schuppen, d'ap. Mignard et Léon XI, d'après Ziarnko. 2 pièces.

237 — Cardinal Montalte, par Cor. Bloemaert, cardinal Flavio Ghigi, par Frosne; Morandi et Blanci; Bentivoglio, père Fr. Bonaventura, baron Hibernos, Jean de Lavalette, grand-maître de Jérusalem; Pierre Aldobrandin, cardinal. 12 pièces.

238 — Caroline, duchesse de Savoie; Emmanuel Philibert de Savoie; Charles-Emmanuel, duc de Savoie; Victor-Amédée, duc de Savoie, prince de Piémont; François-Thomas de Savoie, prince de Carignan; prince Eugène; Charles-Emmanuel III, roi de Savoie; Marguerite d'Autriche, duchesse de Savoie; prince Maurice de Savoie, cardinal de la S. E. R., etc. 16 pièces, par Montcornet, Nilson, Franck, Meyssens, etc.

239 — Victor-Amédée, duc de Savoie; prince Eugène; Charles-Emmanuel III, roi de Sardaigne, et Jacques Facciolatus, professeur à Patavinus, etc. 9 pièces gravées à la manière noire, par Ch. Weigel, Rugendas, etc.

240 — Catherine d'Autriche, duchesse de Savoie; Victor-Amédée, prince de Savoie; Marie-Jeanne-Baptiste de Savoie, reine de Chypre; Charles-Emmanuel de Savoie, duc de Nemours; Victor-Amédée, prince de Piémont; Charles-Emmanuel, prince de Piémont; François-Eugène de Savoie, etc. 10 pièces par de Larmessin, Frosne Desrochers et Montcornet.

241 — Pierre Mathiolus, conseiller de Médicis; Bartholomé-
Albert, baron Malgrane; François Villa, général
de l'armée de Savoie; comte Jérôme Scotti; Jean
Silvius, comte de Portia; Antoine Albicius, noble
Florentin; don Mario Ghigi; Auguste Ghigi, etc.
21 pièces.

242 — Alexandre Farnèse, par Gisbertus, Réné Farnèse,
Marguerite d'Autriche, duchesse de Parme, Marguerite de Médicis, duchesse de Parme, etc. Neuf
pièces.

243 — Farnèse (Alexandre), duc de Parme et Plaisance, gé-
ral des armées de Philippe II, roi d'Espagne, par
C. de Passe.

244 — Charles II, duc de Mantoue, Éléonore de Gonzague,
princesse de Mantoue, Marie de Gonzague, Vincent
de Gonzague, Charles de Gonzague, duc de Nevers,
Marguerite de Gonzague, Anne-Catherine de Gonzague, etc. Douze pièces.

245 — Hippolyte de Gonzague, fille de Ferdinand de Gonzague. Grand in-fol.

246 — La famille de Léopold, grand-duc de Toscane, d'ap.
Maroni, par Ch. Pechvill. Grand in-fol.

247 — François de Médicis, Jean de Médicis, Ferdinand de
Médicis, Cosme de Médicis, Cosme III, grand-duc
de Toscane, Marie-Madelaine d'Autriche et Cosme
de Médicis, duc d'Heturie. Quatorze pièces.

248 — Paris Maris Salvago, sénateur de la république de
Gênes, par Habert, François Marie II, duc d'Ur-
bin, et sa femme, François d'Este, duc de Modène,
et Victoire Colonna. Cinq pièees.

249 — Alphonse, roi de Portugal, Sébastien enfant, roi de
Portugal, Jean III, Antoine, roi de Portugal, Emmanuel, infant de Portugal, Alphonse, roi de Portugal, Edouard, infant de Portugal, par Jean Picart. Huit pièces.

250 — Jean, roi de Portugal, et Catherine sa femme, Henri, roi de Portugal, Sébastien, roi de Portugal. Deux portraits, dont un enfant, Philippe, roi de Portugal, Marie, fille d'Emmanuel, reine de Portugal. Neuf pièces.

251 — Louise-Marie de Savoie, reine de Portugal, Elisabeth-Marie-Louise, infante de Portugal, Jean V, roi de Portugal, et Marie-Anne d'Autriche sa femme, et Dom Pedro, prince régent. Six pièces par Montcornet, de Larmessin et Petit.

252 — Jean III, roi de Portugal, Jeanne d'Autriche, reine de Portugal, fille de Charles V, Louise de Gusman, reine de Portugal, Jean IV, roi de Portugal, Jean V et Marie-Anne sa femme, Emmanuel, prince de Portugal, Joseph, roi de Portugal, etc. Treize pièces par Montcornet, etc,

252 — Pierre II, roi de Portugal, Joseph Ier, roi de Portugal, Anne-Marie, archiduchesse d'Autriche, et Jean V. Cinq pièces gravées en manière noire.


## PORTRAITS MOLDAVES, TRANSYLVANIENS, VALAQUES & HONGROIS.

254 — Georges Ragozzi, Sigismond, André Bartorius, cardinal Michel Abaffi, Nicolas Sérin, Gabriel Bethlen, Jean-Louis, comte d'Absolanie, etc., ducs et personnages célèbres de Transylvanie; plus une carte de la Transylvanie en 1596. 16 pièces par Ulric, Montcornet, Meyssens et autres.

255 — Gabriel Bethlen, prince de Transylvanie, en buste, par Sadeler, ép. avant la lettre, à cheval devant une ville assiégée, etc. 5 portraits du même personnage.

256 — Nicolas, comte Serini, à cheval, général en chef de l'armée de Hongrie, par J. Sandrart; Gabriel Bethlen, Adam Forgatlch, Jean Draskovith, palatin de Hongrie, par Élias Videman, etc. 5 portraits.

257 — Charles-Frédéric, gravé par Jacob de Heyde; Charles et sa femme; Georges-Guillaume, Winceslaus, Christian, Louis, Georges, etc., ducs et duchesses de Silésie, par différents graveurs. 17 portraits.

258 — Le prince Basil de Moldavie, par Guillaume Hondius, d'ap. Westerveldt, et le prince Jean-Nicolas Mauro, Cordantode de Valachie, par Wolffgang. 3 pièces.

259 — Prince Stephano Giorgizza de Moldavie; Constant Serbano, prince de Valachie; Michel, palatin de Valachie; Grégoire et Jean-Georges Gika, princes de Valachie et de Moldavie; Pierre, prince de Valachie-Moldavie; Demetrius Cantemir, prince de Moldavie, etc. 12 pièces, par Bernigeroth et autres.

260 — Ferdinand II, roi de Hongrie; Frédéric, roi de Bohême, par Crispin de Passe; Sigefrid Kolonitsch, général de Hongrie, par Sadeler; Georges Thurzo; Gab. Betlehen, roi de Hongrie; Dominique Bochkay de Kysmaria, et Ferdinand Kolonitzsch, par E. Sadeler. 7 pièces.

261 — Henri Duval, comte de Dampierre; Emery, comte de Terkely, général de Hongrie; Jean Sigismond, roi de Hongrie; Georges Schrolt, conseiller de Hongrie; Georges Basta; Ladislas Barkoczy; G. Schrolt, par Sadeler, Hinzelman et autres. 8 pièces.

262 — Georges Szecheni, archevêque et primat de Hongrie; Ant. de Dominis, comte palatin, archevêque et primat de Hongrie, et Paul, prince de Hongrie. 3 pièces.

## PORTRAITS POLONAIS

263 — Titre de livre, portrait de femme. Deux dessins ayant rapport à la Pologne ; plus, deux portraits.

264 — Généalogie des rois de Pologne, généalogie des ducs de Lescus de Ratibor, Cartes du royaume de Pologne, avec portraits de rois et costumes polonais par Nicolas-Jean Piscatore, 1623, et Jude Hondii, etc. Six pièces.

265 — Sigismond III, roi de Pologne, par Jérôme Wierix. Charmant petit portrait, beau et rare.

266 — Jean Sobieski à cheval, par R. de Hooghe. Grand et beau portrait.

267 — Sobieska (la princesse Marie), par P. Drevet, d'ap. David. Epr. avant la lettre, avec toutes marges.

268 — Auguste III, roi de Pologne, à cheval, par Ridinger et Mart. Engelbrecht, Frédéric-Auguste, par Bernigeroth, avant et avec la lettre, Auguste III et prince Christien-Léopold, par Nilson, Entrevue de Frédéric-Auguste et Frédéric-Guillaume de Russie, par Rusch, Stanislas-Auguste, etc. Douze pièces.

269 — André-Stanislas Kostka, évêque de Cracovie, et Albert Archintus, évêque de Niacenus, Michel Wisnowetzki, roi de Pologne, Adam Czasniki, Eustache Wolowicz, évêque de Wilna, Michael Radzivil, Jean Malachowski, Stanislas Leczinski, Frédéric-Auguste, par Bernigeroth, etc. Vingt-cinq pièces.

270 — Uladislas IV, roi de Pologne, Casimir, prince de Pologne, Georges, duc d'Ossolin, Christophe Radzivil, Louise-Marie de Gonzague, Mathias de Cracovie, et Michel Koribut. Quatorze pièces.

271 — Jean III, roi de Pologne, et Jean Sobieski, par
de Larmessin, Jean-Casimir, Sigismond III, Etienne,
roi de Pologne, Maximilien-Félix, Maximilien de
Pologne, Uladislas Sigismond, Michel Koribut,
Uladislas IV, etc. Vingt-cinq pièces.

272 — Jean III, roi de Pologne, Jean Zamoski, chancelier,
Christophe Radzivil, Jean Radzivil, Jean de Leszno,
d'ap. Blomen, Pierre Morscovius, Georges, cardinal
Radzivil, Zernski, général polonais, Vincent Cor-
nino Gosicuski et Michel Stephanus, archevêque de
Gnesnensis, par P. Schenck. Quinze pièces.

272 *bis*. — Jean III, roi de Pologne, par Bartholomé Kilian,
d'après Adrien Blomen. Buste plus fort que nature
et rare.

273 — Michel, roi de Pologne, par Van Somer, Frédéric-
Auguste, par Schenck, Stanislas Ier et Auguste III,
par G. Bodenech, etc. Onze pièces.

274 — Stanislas Ier et Catherine Opalinska, d'ap. Vanloo,
Anna, reine de Pologne, Éléonore d'Autriche, par
de Larmessin et Boner, Marie-Louise de Gonzague,
par Boner, Christine Ebrandine de Saxe, par
Schenck et Marie, reine de Pologne, par Thomassin. Huit pièces.

275 — Louise-Marie de Gonzague, reine de Pologne, d'ap.
Juste, par Nanteuil. Deux épreuves dont une très-
belle.

276 — Frédéric-Auguste, roi de Pologne, par Zucchi, Bernigeroth et A.-B. Konig. Deux épreuves dont une
avant les noms des artistes. Quatre pièces.

277 — Frédéric-Auguste, par Bernigeroth, et son entrevue
avec Frédéric-Guillaume, roi de Prusse, d'ap.
L. Silvestre, par Zucchi.

278 — Uladislas Sigismond, roi de Pologne, d'ap. Rubens,
le même, par J. de Heyde, Jean III, roi de Pologne, par Mathias Van Somer et Jean Radzivil,
par J de Heyde. Quatre pièces.

279 — Auguste III, roi de Pologne, d'ap. L. Silvestre,
par Zucchi, et Frédéric-Auguste, roi de Pologne,
d'ap. F. de Troye, par P. Drevet. Deux pièces.

280 — Auguste III, roi de Pologne, d'ap. A. de Manyoki et
Marie-Josèphe de Saxe, son épouse, d'ap. L. Silvestre. Deux pièces par L. Zucchi.

281 — Frédéric-Auguste et Christine Ebrandine de Saxe sa
femme. Deux pièces par Bernigeroth.

282 — André Leszno Leszcinski, évêque de Cracovie, par
Guillaume Hondius, et Frédéric-Guillaume, électeur
de Prusse, par Falck. Deux pièces.

283 — Jean-Casimir, roi de Pologne, par Guillaume Hondius, d'ap. Daniel Schultz, Jean III, roi de Pologne,
par Hainzelman, et Sigismond III, par E. Sadeler.
Trois pièces.

284 — Stanislas-Auguste, roi de Pologne, et Catherine Opalinska son épouse. Deux pièces d'ap. C. Vanloo,
par N. de Larmessin. Superbes épreuves avec
grandes marges.

285 — Frédéric-Auguste, roi de Pologne, d'ap. A. Pesne, et
Christine Ebrandine de Saxe son épouse. Deux
pièces par Bernigeroth.

286 — Jean-Frédéric, duc de Saxe, par G. Pentcz. (B. 26).
Beau portrait entouré d'écussons.

## PORTRAITS RUSSES

287 — Anna Iwanowa, Catherine-Alexandrine, Pierre Ier,
Pierre II, Alexandre Petrovitius, maréchal Czerme-
ter, Féodor Mathnewiz, Lambert, général ingé-
nieur, général Munich, général Bauer, etc., par
Bernigeroth et autres. Vingt-trois pièces.

288 — Pierre II en pied, par Wortmann, et Anne Ire, par
Wagner. Deux pièces grand in-fol.

289 — Jean-Alexandre et Pierre-Alexandre, ducs de Russie, Jean-Basilde-Alexis Mihœilovich, grand-duc de Moscou, Georges Dolhorucchi et Szaramet, généraux de Moscou, etc. Neuf pièces.

290 — Pierre II et Anne Ivanowa, par Wortmann et d'ap. L. Caravage. Trois pièces.

291 — Pierre le Grand, par Schenck et Ch. Weigel, Catherine II, Anna Ivanowa, par Haid, etc. Huit pièces.

292 — Paul I$^{er}$ et Marie Federowa, par Balzer, Catherine II, par Suntach, prince Potenkin, comte d'Anhalt, général Souwarow, Alexandre I$^{er}$. Dix pièces.

293 — Anna Ivanowa, impératrice, Paul I$^{er}$, Pierre III, Élisabeth I$^{re}$, Catherine-Alexandrine I$^{re}$, et Catherine II, par Nilson, etc. Huit pièces.

294 — Bohdan Chimielnick, chef des Cosaques, Goraschi, général de Tartarie, Pierre le Grand, Démétrius, czar de Russie, Michel Phedorwitz, par Montcornet, avant et avec les armes, etc. Huit pièces.

# LIVRES A FIGURES, GALERIES

295 — Teniers. Theatrum pictorium. *Bruxellis*, 1660; in-fol.
veau. Bel exemplaire.

296 — Galeriæ Farnesianæ icones Romæ in ædibus ducis
Parmensis ab Annibale Caraccio a Petro Aquila
delin. incisæ 24 tab. Romæ. — Barberinæ aulæ
fornix Romæ Petri Berettini pict. etc. 10 tab. Ibid.
— Psyches et Amoris nuptiæ a Raphaelo Sanzio
in Farnesianis hortis Romæ express. a Borigny
del. et inc. 12 tab. Ibid. 1693. — 3 vol. en un, gr.
in-fol. obl. d.-rel.

Très-belles épreuves.

297 — La galerie électorale de Dusseldorf, ou Catalogue
raisonné et figuré de ses tableaux..., par N. de
Pigage. *Basle, Mechel*, 1778; 2 vol. in-fol. obl.,
30 planches avec 365 sujets, cart. non rogné.

Ancien tirage.

298 — Collezione di quadri scelti di Brescia, disegnati, incisi
ed illustrati da A. S. (Sala). *Brescia*, 1817; gr.
in-fol.

Trente planches au trait, représentant des tableaux de
G. Bellini, du Titien, du Tintoret, de Rubens.

299 — La reale Galleria di Torino illustrata da Roberto
d'Azeglio, direttore della medesina. *Torino*, 1836-
1841; 3 vol. gr. in-fol., dem-rel.

Galerie gravée en taille-douce. Exempl. de souscription.
La galerie de Turin est, pour les petits maîtres, une des
plus remarquables de l'Europe.

300 — Galerie de Florence. Imperiale e reale Galleria di Firenze, publicata con incisione in rame, da una societa sotte la direzione di Bartolini, Bozzuoli, Jesi e Marco, ed illustra da Ferdinande Ranalli. Dedicata a sua Ma. l'imper. Niccolo I. *Firenze,* 1841-1859; 95 liv. en 6 cart. gr. in-fol.

> Publication de la plus grande beauté qui efface toutes les autres qui ont été faites sur cette célèbre galerie. Elle a été seulement tirée pour les souscripteurs. Tout ce qui a paru. Prix de souscription : 1425 fr.

301 — Recueil d'Estampes gravées d'après les tableaux de la galerie et du cabinet du comte de Brühl. *Dresde,* 1754; gr. in-fol. Très-rare.

302 — La galerie impériale et royale des tableaux du Belvédère de Vienne, d'après les dessins de Sigism. de Perger; avec des explications historiqnes de Ch. Haas. (En français et allem.) *Vienne,* 1821-1830; 4 vol. gr. in-4, avec 240 planches gravées sur cuivre; en livraisons. Exemplaire en grand papier.

Épreuves AVANT LA LETTRE. Très-rare.

303 — A description of the library (and galerie) at Merley, in the county af Dorset, by Ralph Willet. *London,* printed for the anthor, by John Nicholls, 1785; gr. in-fol., fig., cuir de Russie, dent.

304 — Icones vivorum illustrium doctrina et eruditione prœstantium, cum eorum vitis descriptis a J. J. Boissardo; omnia in æs incisa per Th. de Bry. *Francofurti,* 1597-1599; 4 part., 2 vol. in-4, vél.

> Première édition belle et rare. La seconde partie contient 48 portraits, plus celui de Boissard. On y trouve des portraits de Colomb, Marot, Momus, Ronsard, etc.

305 — Austrasiæ reges et duces epigrammatis per Nicolaum Clementum Trelaeum descripti. *Coloniæ*, 1591 ; petit in-4, portraits gravés par Woeiriot, cart. (Piqué).

> Le dernier portrait est celui de Charles III.

306 — Manuscrit autographe, par Wilibald Pirckheimer, sur la ville de Rome, avec des croquis accompagnant ses notes. Nous n'avons pas besoin de rappeler aux amateurs tout l'intérêt de ce précieux autographe ; on sait que Pirckheimer était le protecteur et l'ami d'Albert Durer.

307 — Collection des OEuvres de J.-B.-F. et Ch. F. Piranesi, 26 vol. — Antiquités de Pompeïa. *Paris*, 1804 et suiv. — Ensemble, 29 vol. gr. in-fol., cart., non rogné.

308 — **Un très-beau Volume** de papier blanc, du commencement du siècle dernier. Très-grand in-folio, cuir de Russie à compart.

> Ce volume contient du papier de Hollande du plus grand format.

Renou et Maulde, imprimeurs de la Compagnie des Commissaires-Priseurs, rue de Rivoli, 144.      2913